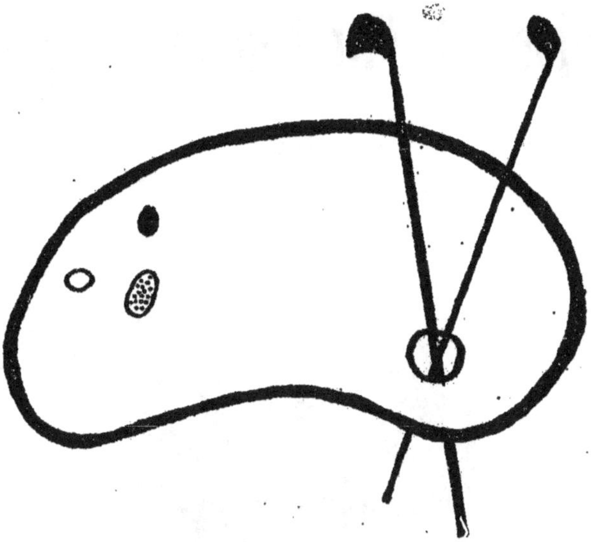

DEBUT D'UNE SERIE DE DOCUMENTS
EN COULEUR

SCIENCE ET RELIGION
Études pour le temps présent

LA BIBLE ET L'ORIENTALISME

III

La Bible et l'Archéologie Syrienne

PAR

V. ERMONI

PARIS
LIBRAIRIE BLOUD & Cie
4, RUE MADAME ET RUE DE RENNES, 59
1904

SCIENCE ET RELIGION

Études pour le temps présent. — Prix : 0 fr. 60 le vol.

— **Certitudes scientifiques et certitudes philosophiques,** par le R. P. de la Barre, S. J., prof. à l'Institut catholique de Paris. 1 vol.
— *Du même auteur :* **L'Ordre de la nature et le Miracle.** 1 vol.
— **L'Ame de l'homme,** par J. Guibert, supérieur du séminaire de l'Institut catholique de Paris. 1 vol.
— **Faut-il une religion ?** par l'abbé Guyot. 1 vol.
— *Du même auteur :* **Pourquoi y a-t-il des hommes qui ne professent aucune religion ?** 1 vol.
— **Nécessité scientifique de l'existence de Dieu,** par P. Courbet. 1 vol.
— *Du même auteur :* **Jésus-Christ est Dieu.** 1 vol.
id. **Convenance scientifique de l'Incarnation.** 1 vol.
— **Études sur la pluralité des mondes habités et le dogme de l'Incarnation,** par le R. P. Ortolan.
I. — *L'Epanouissement de la vie organique à travers les plaines de l'infini.* 1 vol.
II. — *Soleils et terres célestes.* 1 vol.
III. — *Les Humanités astrales et l'Incarnation.* 1 vol.
— *Du même auteur :* **La Fausse Science contemporaine et les Mystères d'Outre-tombe.** 1 vol.
id. **Vie et Matière ou Matérialisme et spiritualisme en présence de la Cristallogénie.** 1 vol.
id. **Matérialistes et Musiciens.** 1 vol.
— **L'Au-delà ou la Vie future d'après la foi et la science,** par l'abbé J. Laxenaire. 1 vol.
— **Le Mystère de l'Eucharistie. — Aperçu scientifique,** par l'abbé Constant. 1 vol.
— *Du même auteur :* **Le Mal,** sa nature, son origine, sa réparation. 1 vol.
— **L'Eglise catholique et les Protestants,** par G. Romain. 1 vol.
— *Du même auteur :* **L'Inquisition,** son rôle religieux, politique et social. 1 vol.
— **Mahomet et son œuvre,** par I. L. Gondal, professeur d'apologétique et d'histoire au séminaire Saint-Sulpice. 1 vol.
— *Du même auteur :* **L'Eglise Russe.** 1 vol.
— **Christianisme et Bouddhisme** (*Etudes orientales*), par l'abbé Thomas, vicaire général de Verdun. 2 vol.
— *Du même auteur :* **Dieu auteur de la vie.** 1 vol.
id. **La Fin du monde d'après la Foi.** 1 vol.
— **Où en est l'hypnotisme,** son histoire, sa nature et ses dangers, par A. Jeanniard du Dot, auteur du *Spiritisme dévoilé*. 1 vol.
— *Du même auteur :* **Où en est le Spiritisme.** 1 vol.
id. **L'Hypnotisme et la science catholique.** 1 vol.
id. **L'Hypnotisme transcendant en face de la philosophie chrétienne.** 1 vol.

— **L'Apologetique historique au XIXe siècle. La Critique irréligieuse de Renan, etc.**, par l'abbé Ch. Denis. 1 vol.

— **Nature et Histoire de la liberté de conscience**, par l'abbé Canet. 1 vol.

— **L'Animal raisonnable et l'Animal tout court**, par C. de Kirwan. 1 vol.

— **La Conception catholique de l'Enfer**, par l'abbé Brémond. 1 vol.

— **L'Attitude du catholique devant la Science**, par G. Fonsegrive. 1 vol.

— *Du même auteur* : **Le Catholicisme et la Religion de l'Esprit.** 1 vol.

— **Du Doute à la Foi**, par le R. P. Tournebize, S. J. 1 vol.

— *Du même auteur* : **Opinions du jour sur les peines d'outre-tombe.** 1 vol.

— **La Synagogue moderne**, sa doctrine et son culte, par A. F. Saubin. 1 vol.

— *Du même auteur* : **Le Talmud et la Synagogue moderne.** 1 vol.

— **Evolution et Immutabilité de la doctrine religieuse dans l'Eglise**, par M. Prunier, supérieur de grand séminaire. 1 vol.

— **La Religion spirite**, son dogme, sa morale et ses pratiques, par I. Bertrand. 1 vol.

— *Du même auteur* : **L'Occultisme ancien et moderne.** 1 vol.

— **L'Hypnotisme franc et l'Hypnotisme vrai**, par le Docteur Hélot. 1 vol.

— **L'Eglise et le Travail manuel**, par l'abbé Sabatier. 1 vol.

— **Unité de l'espèce humaine**, *prouvée par la similarité des conceptions et des créations de l'homme*, p. le marquis de Nadaillac. 1 vol.

— *Du même auteur* : **L'Homme et le Singe.** 2 vol.

— **Le Socialisme contemporain et la Propriété**, par M. G. Ardant. 1 vol.

— **Pourquoi le Roman à la mode est-il immoral et pourquoi le Roman moral n'est-il pas à la mode ?** p. G. d'Azambuja. 1 vol,

— **Comment se sont formés les Evangiles ?** par le P. Th. Calmes. professeur au grand séminaire de Rouen. 1 vol.

— **L'Impôt et les Théologiens**, *Etude philosophique, morale et économique*, par le comte de Vorges, ancien ministre plénipotentiaire, membre de l'Académie de Saint-Thomas, etc., etc. 1 vol.

— *Du même auteur* : **Les Ressorts de la Volonté et le libre arbitre.** 1 vol.

— **Nécessité mathématique de l'existence de Dieu.** *Explications. — Opinions, Démonstrations*, par René de Cléré. 1 vol.

— **Saint Thomas et la Question juive**, par Simon Deploige, professeur de l'Université Catholique de Louvain. 1 vol.

— **Premiers principes de Sociologie Catholique**, par l'abbé Naudet. 1 vol.

— **La Patrie.** — *Aperçu philosophique et historique*, par J. M. Villefranche. 1 vol.

— **Le Déluge de Noé et les races Prédiluviennes**, par C. de Kirwan. 2 vol.

— **La Saint-Barthélemy**, par Henri Hello. 1 vol.

— **L'Esprit et la Chair.** *Philosophie des macérations*, par Henr Lasserre, auteur de *Notre-Dame de Lourdes*, etc., etc. 1 vol.

— **Le Levier d'Archimède ou la Mécanique céleste et le Céleste mécanicien,** par le R. P. ORTOLAN. 2 vol.

— **Ce que le Christianisme a fait pour la femme,** par G. d'AZAMBUJA. 1 vol.

— **L'Hypnotisme et la Stigmatisation,** par le Dr IMBERT-GOURBEYRE. 1 vol.

— **L'Education chrétienne de la Démocratie,** *essai d'apologétique sociale*, par CH. CALIPPE. 1 vol.

— **La Religion catholique peut-elle être une science ?** par l'abbé G. FRÉMONT. 1 vol.

— *Du même auteur :* **Que l'Orgueil de l'Esprit est le grand écueil de la Foi,** *Théodore Jouffroy, Lamennais, Ernest Renan.* 1 vol.

— **La Révélation devant la Raison,** par F. VERDIER, supérieur de Grand Séminaire. 1 vol.

— **Confréries musulmanes.** — *Histoire, Discipline, Hiérarchie*, par le R. P. PETIT. 1 vol.

— **Pratique de la Liberté de conscience dans nos Sociétés contemporaines,** par l'abbé CANET 1 vol.

— **Comment peut finir l'univers,** d'après la science, par C. de KIRWAN. 1 vol.

— **Les Théories modernes de la criminalité,** par le Docteur DELASSUS. 1 vol.

— **Faillite du matérialisme** par Pierre COURBET, 3 vol. *se vendant séparément :*

I. — *Historique* 1 vol.

II. — *Discussion ; l'atome et le mouvement.* 1 vol.

III. — *Discussion ; l'éther, les gaz, l'attraction. Conclusion. — Appendice.* 1 vol.

— **Le Globe terrestre,** par A. DE LAPPARENT Membre de l'Institut, professeur à l'Ecole libre des Hautes Etudes, 3 vol. *se vendant séparément.*

I. — *La Formation de l'écorce terrestre.* 1 vol.

II. — *La nature des mouvements de l'écorce terrestre.* 1 vol.

III. — *La Destinée de la terre ferme et la Durée des temps.* 1 vol.

— **De la Connaissance du Beau,** *sa définition, application de cette définition aux beautés de la nature,* par l'abbé GABORIT, archiprêtre de la Cathédrale de Nantes. 1 vol.

— **Le Diable dans l'Hypnotisme,** par le docteur Ch. HÉLOT. 1 vol.

— **De la Prospérité comparée des nations protestantes et des nations catholiques,** *au point de vue économique, moral, social,* par le R. P. FLAMÉRION, S. J. 1 vol.

— **L'Art et la Morale,** par le P. SERTILLANGES, dominicain, docteur en théologie. 1 vol.

— **La Sorcellerie,** par I. BERTRAND. 1 vol.

— **Qu'est-ce que l'Ecriture sainte ?** *Les Livres inspirés dans l'antiquité chrétienne : Théorie de l'inspiration,* p. le P. TH. CALMES. 1 vol.

— **Les Morts reviennent-ils ?** par I. BERTRAND. 1 vol.

(*Demander la liste* **complète** *des volumes* **Science et Religion,** *parus à ce jour*).

SAINT-AMAND (CHER). — IMPRIMERIE BUSSIÈRE

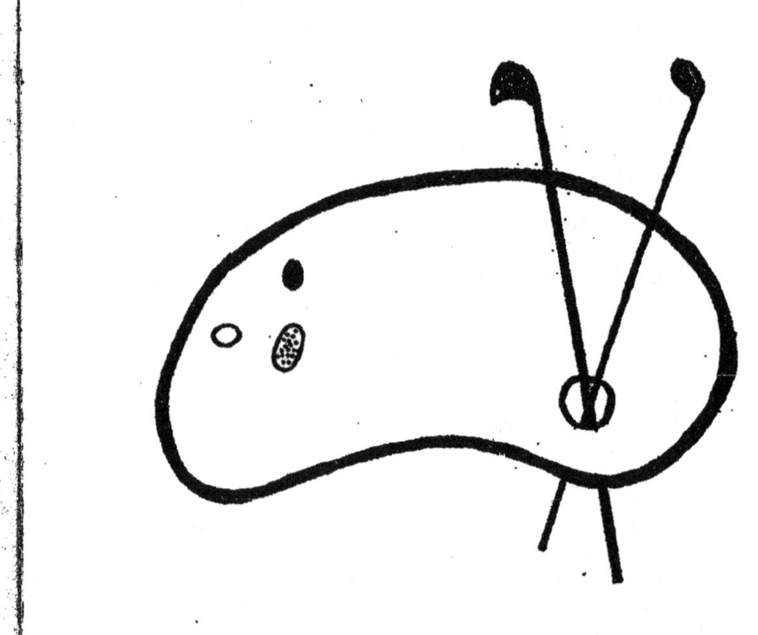

SCIENCE ET RELIGION

Études pour le temps présent

LA BIBLE ET L'ORIENTALISME

III

La Bible et l'Archéologie Syrienne

PAR

V. ERMONI

PARIS

LIBRAIRIE BLOUD & Cie

4, RUE MADAME ET RUE DE RENNES 59

1904

Paris, le 17 juin 1903.

Sur le rapport favorable qui nous en a été fait, j'autorise M. Ermoni à publier « La Bible et l'Archéologie Syrienne ».

A. FIAT, sup. gén.

Permis d'imprimer :

Paris, le 17 juin 1903.

G. LEFEBVRE,
vic. gén.

La Bible et l'Archéologie Syrienne

INTRODUCTION

On peut dire que la Syrie est le pays biblique par excellence ; ce coin du monde antique, point de contact entre l'Asie, l'Afrique et l'Europe, aboutissant inévitable de tous les grands mouvements ethnographiques, théâtre classique des luttes et des invasions de l'Egypte et de l'Assyrie, est le milieu où s'est écoulée la vie d'Israël, et où s'est déroulé le plus important de son histoire (1) ; c'est là que se sont accomplies ses destinées historiques et son rôle sur l'avenir de l'humanité, et c'est là aussi que la très grande partie des livres saints a vu le jour. On ne saurait donc se dispenser de replacer la Bible dans ce cadre originel, et d'en étudier les principaux linéaments.

(1) Israël a surtout vécu dans la Syrie du Sud, mais il a eu aussi des rapports avec la Syrie du Nord dont Damas est le centre.

Le XIXe siècle, qui a tant travaillé dans le domaine du passé, a contribué dans une assez large mesure à nous faire connaître l'Archéologie de la Syrie; des savants de toute nationalité ont exploré cette région; les résultats de leurs efforts sont déjà considérables; aussi l'heure est-elle, croyons-nous, venue de condenser en quelques pages toutes les contributions à la science biblique sorties de cette œuvre longue et difficile; la Bible ne pourra qu'en être éclairée, et son côté purement humain en recevoir de nouvelles garanties.

Contrairement à l'usage reçu, j'emploie le mot SYRIE; d'ordinaire on préfère celui de PALESTINE; mais ce terme n'est exact ni ethnographiquement ni historiquement: il n'est pas exact ethnographiquement, car les Philistins, d'où il tire son origine, ne sont qu'une des nombreuses populations qui ont habité cette région; il ne l'est pas non plus historiquement, car l'histoire très complexe de cette contrée ne saurait se réduire aux vicissitudes de la race philistine. Ce n'est pas non plus que le mot SYRIE soit adéquat, mais, au point de vue où nous nous plaçons dans cette étude, il est incontestablement le plus juste.

Le cadre de ce travail est trop vaste pour être complètement rempli; la chose n'est du reste pas nécessaire, parce qu'une masse de détails ne présentent pas beaucoup d'intérêt pour les études bibliques ; nous nous bornerons donc à enregistrer les données les plus importantes, mais aussi les plus fondées. Ce sont, pour ainsi dire, des notes isolées, qui pourront néanmoins avoir leur utilité, car ce n'est pas par des vues générales mais par des détails nombreux et variés qu'il faut aspirer à éclaircir la Bible. Pour cette même raison il nous a été impossible de faire abstraction de certaines données égyptologiques et assyriologiques, bien que nous ayons déjà traité ce sujet.

CHAPITRE PREMIER

LA RELIGION

I. Les divinités. — II. Leurs demeures. — III. Les temples. — IV. Le culte. — V. Les sacrifices.

I. — *Les divinités.*

1° *Les dieux.* — ADON. — Ce mot signifie « maître » et avec le suffixe *ai* « mon maître ». On sait fort bien que ce nom est foncièrement biblique, GEN., XV, 2 ; XVIII, 27 ; XX, 4 ; EXOD., XXIII, 17 ; DEUT., X, 17 ; JOS., III, 13 ; PS., XVI, 2 ; XXXV, 23 (hebr.) ; IS., X, 16, 33 ; XIX, 4. Il désigne tout particulièrement Dieu en tant que « Maître », vis-à-vis duquel l'homme n'est qu'un « serviteur » ; certains auteurs pensent cependant que c'est là une épithète commune applicable à n'importe quel dieu (1). L'archéo-

(1) Cf. R. SMITH, *Old Testament*, p. 68.

logie biblique a conservé des traces manifestes de ce nom ; à l'époque israélite, il entre dans la composition de beaucoup de noms chananéens : ADONI-sedec, JOS., X, 1 ; ADONI-bezec, JUG., I, 5-7 ; ou juifs : ADON-ias, II ROIS, III, 4 ; II CHRON., XVII, 8 ; ADONI-ram, III ROIS, IV, 6 ; V, 14 ; ADONI-cam, I ESD., II, 13 ; VIII, 13 ; II ESD., VII, 18. On voit donc que le nom par lequel on désignait le « Maître » des hommes s'est conservé dans l'onomastique.

BAAL. — Cette divinité est assez souvent mentionnée dans la Bible, tantôt d'une manière purement narrative, II Rois, V, 20, tantôt d'une manière répréhensive, Os., II, 16. Certains auteurs, entre autres Mövers (1), De Voguë (2), écho de Mövers en France, ont prétendu qu'il a existé un Dieu particulier du nom de Baal. Cette idée est aujourd'hui abandonnée ; on pense en effet communément avec Münter (3) que « Baal » est une épithète commune qui pourrait s'appliquer à tous les dieux ; la preuve s'en trouve dans la Bible elle-même qui parle parfois de *baalîm* dans le sens d'idoles en général, par exemple : JUG., II, 11 ; III, 7 ; VIII, 33 ; I ROIS, VII, 3-4 ; OS., II, 17. Ce nom se trouve dans BEEL-zebub, adoré à Accaron, IV ROIS, I,

(1) *Die Phönizier*, t. I, p. 169-190.
(2) *Mélanges d'archéologie orientale*, p. 50-53.
(3) *Religion der Carthager*, p. 5 et suiv.

2, au temps de la domination philistine ; jadis on traduisait communément par « dieu des mouches » ; depuis que M. Halévy (1) a signalé la ville de Zebub sur l'une des tablettes d'El-Amarna, cette traduction doit être abandonnée ; BEEL-Zebub est en réalité le « dieu de [la ville de] Zebub ». Il se trouve aussi dans BAAL-Hermon, JUG., III, 3 ; cf. I CHRON., V, 23 ; dans BAAL-Gad, JOS., XI, 17 ; XII, 17 ; XIII, 5, qui paraît être une simple variante ; le baal de Sichem portait le nom de BAAL-berith, « maître de l'alliance », JUG., VIII, 33 ; IX, 4 ; ℣. 46 variante : EL-berith. Il entre également dans la composition de certains noms propres : Es-BAAL, I CHRON., VIII, 33 ; IX, 39 ; Merib-BAAL, *ibid.*, IX, 40 ; Iero-BAAL, JUG., VI, 32 ; VII, 1, etc. ; enfin il apparaît dans le nom de certains rois de Tyr, Itho-BAAL (2).

CHAMOS. — Dieu des Moabites mentionné dans la Bible, NOMB., XXI, 29 ; JUG., XI, 24 ; III ROIS, XI, 7, 33 ; IV ROIS, XXIII, 13 ; JER., XLVIII, 7, 13, 46. Les livres des Rois nomment aussi à côté de Chamos, MOLOCH ou MELCHOM, roi des Ammonites ; quelques savants avaient cru re-

(1) *Recherches bibliques*, § XXVII, dans *Revue sémitique*, t. I, p. 23.

(2) Cf. G. RAWLINSON, *History of Phænicia*, p. 433-435 ; PIETSCHMANN, *Geschichte der Phönizier*, p. 297-298 ; MASPERO, *Histoire ancienne*, t. II, p. 782.

connaître sous ce vocable un dieu spécial; cette idée n'est plus soutenue à l'heure actuelle; « un dieu spécial du nom de Moloch, dit Tiele, n'existe guère que dans l'imagination des savants (1) »; en réalité Moloch, déformation de *melek*, « roi », est une épithète commune qu'on donnait au dieu le plus élevé, à celui qu'on regardait comme le moteur de l'univers. Dans le langage biblique MELCHOM paraît signifier « leur roi », et n'être qu'une corruption volontaire ou non de MILKON « notre roi », dont se servaient les Chananéens en s'adressant au dieu; c'est ainsi que l'a interprété le texte grec de I CHRON., XX, 2 : Μολχὸμ, ὁ βασιλεὺς αὐτῶν, « Molchom leur roi (2) ». Quoi qu'il en soit, ce nom se trouve souvent dans la Bible, par exemple : MELCHI-zedek, Abi-MELEK, Achi-MELECH. Les Phéniciens s'en servaient couramment pour désigner le dieu de Tyr, MELEK-KARTA = Melkart, et dans beaucoup de noms propres : MELEK-iathon, Baal-MELEK, Bod-MALEK.

DAGON. — Suivant la Bible, JUG., XVI, 23; I ROIS, V, 2; I CHRON., X, 10, ce dieu était adoré chez les Philistins; à proprement parler, il était le patron des habitants de cette partie de la côte qui s'étend entre Ascalon et la

(1) *Vergelijkende Geschiedenis*, p. 457.
(2) Cf. TIELE, *op. cit.*, p. 457-458.

forêt du Carmel; un épisode de sa statue nous est connu par les livres saints, I Rois, v, 3-5; ce dieu entre dans le nom de villes, Beth-Dagon, Jos., xv, 41; xix, 27. L'érudition moderne a confirmé sur ce point l'exactitude de la Bible : on a découvert dans la correspondance d'El-Amarna un personnage du nom de Dagan-takala, ce qui prouve évidemment que ce dieu était connu des Chananéens (1). On a fait sur la nature et les attributions de ce dieu beaucoup de recherches qu'il serait superflu d'exposer ici, attendu qu'elles ne rentrent pas dans notre cadre; qu'il nous suffise de dire que la majorité des savants y voit une répétition du dieu-poisson de Babylone (2).

Hadad et Rimmon. — En assyrien ces deux noms ont le même idéogramme qui peut se lire : Dadda-Hadad ou Rammanou (3). Hadad se trouve dans la Bible, I Chron., i, 30; différents roi de Damas portèrent ce nom; cf. III Rois, xi,

(1) Cf. Bezold-Budge, *The Tell Amarna Tablets*, p. lxxxiii.

(2) Clermont-Ganneau, *Horus et saint Georges*, p. 12-13, 22, 24-31; Pietschmann, *op. cit.*, p. 144-146; Sayce, *Patriarchal Palestine*, p. 259-260.

(3) Sur la valeur de Hadad et Rimmon, cf. Schrader, *Rammon-Rimman* dans la *Zeitschrift für prot. Theologie*, 1875, t. i, p. 334 et suiv., 342; Id., *Die Keilinschriften und das alte Testament*, 3e édit. retravaillée par Zimmern et Winckler, p. 442-451; Baudissin, *Studien zur semitischen Religionsgeschichte*, t. i, p. 305-317; Sayce, *The higher Criticism*, p. 89, 394.

21, 25 ; ces rois auraient été au nombre de dix, d'après Nicolas de Damas (1). — Quant à Rimmon, la Bible nous apprend, IV Rois, v, 18, qu'il avait un temple à Damas ; même un des rois de cette ville s'appelle, III Rois, xv, 18, Tab-Remmon, « Remmon [est] bon » ; on pourrait voir aussi une autre mention dans Geth-Remmon, Jos., xxi, 25.

Rashaph. — Les Syriens connaissaient un dieu de ce nom, qui incarnait l'éclair ou la foudre ; dans les textes égyptiens il porte le nom de Rashoupou : les érudits ont signalé l'existence de ce dieu (2). Ce nom se trouve dans la Bible, mais appliqué à un individu, I Chron., vii, 25 ; on estime communément que comme dieu il n'y est nullement mentionné. Me sera-t-il cependant permis de hasarder une hypothèse ? Le texte grec d'Amos, v, 25, nous parle d'un astre appelé Raiphan, Ῥαιφὰν, passé dans Act., vii, 43, sous la forme de Remphan.

(1) Cf. Müller-Didot, *Fragmenta historic. græc.*, n. 31, t. iii, p. 373 ; cf. aussi Josèphe, *Ant. jud.*, vii, 5², où il est dit : « roi de Damas et des Syriens ».

(2) Cf. Ed. Meyer, *Uber einige semitische Götter*, dans la *Zeitschrift der D. Morgenl. Gesellschaft*, 1877, t. xxi, p. 710 ; Clermont-Ganneau, *Horus et saint Georges*, p. 15-25 ; Id., *Recueil d'archéologie orientale*, t. i, p. 176-182 ; Pietschmann, *op. cit.*, p. 149-152 ; Max Muller, *Asien und Europa*, p. 311-312 ; Sayce, *Patriarchal Palestine*, p. 250-251, 256.

Ne serait-ce pas le dieu syrien RASHAPH? Dans les deux cas il s'agit d'une divinité sidérale; de plus, l'hébreu rabbinique a conservé le nom de cette divinité; il emploie le pluriel de *rashaph* dans le sens de « démons » (1).

SHAMASH. — Ce mot signifie « soleil » et désigne par conséquent le dieu-soleil; il apparaît dans les noms de certaines villes chananéennes, telles que Beth-SAMES « maison du soleil », Jos., XV, 10 : XXI, 16; I ROIS, VI, 12; 1 CHRON., VI, 59; Hir-SEMES « ville du soleil », Jos., XIX, 41. Les textes d'El-Amarna sont venus corroborer les renseignements bibliques; ils mentionnent en effet très souvent ce dieu, mais en l'adaptant aux coutumes égyptiennes, c'est-à-dire par imitation du protocole des Pharaons, qui s'intitulaient pompeusement : *Ra sâ* « fils du soleil »; au VIIIe siècle avant notre ère, on trouve le dieu SHAMAS dans les inscriptions de Samalla dans la Syrie septentrionale (2).

2° *Les déesses.* — Il faudrait tout un volume pour décrire la nature, les attributs et les caprices des déesses syriennes; c'est tout un monde qui s'offre à nous, et ce monde évolue et

(1) Cf. DE VOGUË, *Mélanges d'archéologie orientale*, p. 76-79; MAX MULLER, *op. cit.*, p. 313.

(2) Cf. HALÉVY, *Deux inscriptions hethéennes du Zindjirli*, dans *Revue sémitique*, t. II, p. 29.

se transforme au fur et à mesure que l'historien essaye de le fixer et d'en dessiner les contours. Les déesses syriennes s'appelaient toutes d'un nom général : *maîtresses* ou *reines*; ce phénomène se constate surtout dans les inscriptions phéniciennes où leur nom est souvent précédé de *rabbat* « maîtresse » ; c'est ainsi que la déesse de Byblos est qualifiée de *ha-rabbat Baalat Gebal* « la maîtresse de Gebal » (1). A partir du moment où les Egyptiens accueillirent dans leur Panthéon les déesses chananéennes, ils leur conservèrent leur titre : *nibît pit* « dame, maîtresse du ciel » ; c'est la qualification qu'on lit dans les textes égyptiens (2). C'était là comme leur titre extérieur, celui qui faisait allusion à leur puissance et à leur domaine.

Leur nom général, qui a une signification propre, est celui d'*Astartés* ; les livres saints parlent bien souvent de ces *Astartés*, tantôt au singulier, comme dans III Rois, xi, 5, 33, où elle [la déesse] nous est présentée, détail à retenir, comme la déesse des Sidoniens, tantôt et plus habituellement au pluriel *Astaroth*, comme dans Jug., ii, 13 ; iii, 7 ; x, 6 ; I Rois, vii, 3, 4 ; xii, 10 ; xxxi, 10 ; IV Rois, xxiii, 13. Elles avaient même

(1) *Corpus inscript. semit.*, t. i, p. 4.

(2) Cf. Prisse d'Avennes, *Monuments égyptiens*, pl. xxxvii et p. 7 ; E. Bergmann, *Die inschriftlichen Denkmäler*, dans le *Recueil de travaux*, t. vii, p. 196.

donné leur nom à une localité, DEUT., I. 4 ; JOS., IX, 10 ; XII, 4 ; XIII, 12, 31 ; I CHRON., VI, 71 (1). Un personnage d'origine syrienne, RABRABINA, qui nous est connu par l'inscription d'une amulette égyptienne du Louvre, vers la XXe Dynastie, s'intitulait fastueusement : *Honnoutir Astiratou* « Prophète des Astartés (2). »

La déesse Astarté n'était nullement modeste : elle prenait différentes épithètes dont chacune traduisait une de ses qualités ou de ses fonctions, de ses vertus ou de ses vices ; cette titulataire est assez longue et expressive ; elle nous représente dans une certaine mesure les idées théologiques de ceux qui l'avaient fixée. Astarté s'intitulait donc : *Astoreth naamah,* la « bonne Astarté » ; sous cette forme, elle est la déesse mentionnée par Damascius sous le nom d'*Astronoé*, qui doit être sûrement corrigée en *Astronomè* ('Αστρόνομη) (3). Elle était aussi connue sous la dénomination de : *Asthoreth-Carnaïm* « Astarté cornue », à cause du croissant lunaire qui s'échancrait sur son front en guise de coiffure ; elle communiqua cette dénomination à une ville d'au-delà du Jourdain, GEN., XIV, 5, dont

(1) Cf. BEZOLD-BUDGE, *The Tell Amarna Tablets*, n° 43, pl. 88, lig. 10.

(2) Cf. G. MASPERO, *Mémoire sur quelques Papyrus du Louvre*, p. 2-3.

(3) Cf. MOVERS, *Die Phönizier*, t. I, p. 636 et suiv.

elle était probablement la déesse éponyme ; sous cette forme, elle paraît avoir été parfois identifiée par les Egyptiens avec leur *Hâthor*. Elle s'appelait également : *Gad*, la « fortune » ; sous ce nom elle était surtout connue chez les Araméens, et se trouve mentionnée dans la Bible, Is., LXV, 11 ; ce nom s'est même conservé dans certaines localités, telles que Baal-GAD, JOS., XI, 17 ; Magdal-GAD, *ibid.*, XV, 37, ce qui prouve à l'évidence qu'elle était à cette époque adorée dans les pays chananéens. Elle se plaisait encore à s'appeler : *Anath*, la « modeste », nom découvert par M. De Voguë sur une inscription phénicienne (1) ; on constate par la lecture des saints livres que son culte était très répandu à l'époque chananéenne, comme le démontrent les noms de certaines localités, soit au singulier : Beth-ANATH « maison d'Anath », JOS., XIX, 38 ; soit au pluriel : Beth-ANOTH « maison des Anôth », *ibid.*, XV, 59 ; à ce moment ce nom était sans doute un titre général servant à désigner toutes les décsses ; une de ces villes, *Bît-Anîti*, est mentionnée dans les listes géographiques égyptiennes (2). Parfois elle devenait combattive et s'appelait : *Asîti*, la « belliqueuse » ; sous cette forme elle est figurée à Ra-

(1) *Mélanges d'archéologie orientale*, p. 36-38.

(2) Cf. MARIETTE, *Les listes géographiques des Pylônes de Karnak*, p. 42.

désieh sur une stèle du temps de Séti Ier (1).

Cette déesse majestueuse n'était au fond que la déesse de la volupté, et, sous ce rapport, elle s'appelait, sans doute par contraste ou ironie : *Qadishat*, la « sainte ». La ville de Qodshou, capitale des Amorrhéens, lui était consacrée ; elle en était donc la déesse éponyme et présidait à ses destinées (2).

Nous avons déjà appris par la Bible, cf. aussi IV Rois, xxiii, 13, qu'Astarté était la déesse des Sidoniens ; ce détail s'est retrouvé sur les inscriptions sidoniennes, où elle est invoquée comme la « divinité maîtresse » (3), comme celle dont les rois locaux étaient les prêtres et les reines les prêtresses (4).

Dans la Bible, Ezech., viii, 14, il est question d'une autre déesse : l'amante d'Adonis. Cette déesse était la patronne de la Phénicie ; on a été pendant quelque temps porté à croire que c'était une déesse particulière ; en réalité,

(1) Cf. Lepsius, *Denkmäler*, iii, 138 ; Golénischeff, *Une excursion à Bérénice*, dans *Recueil de travaux*, t. xiii, p. 76 ; E. Bergmann, *ibid.*

(2) Cf. De Vogüé, *op. cit.*, p. 44 ; Chabas, *Voyage d'un Egyptien*, p. 110 ; Ed. Meyer, *Geschichte des Alterthums*, t. i, p. 241-242.

(3) *Corpus inscript. semit.*, t. i, p. 21-22.

(4) *Ibid.*, t. i, p. 13-20. Cf. aussi Renan, *Le sarcophage de Tabnit, roi de Sidon*, p. 2-3.

elle n'est autre qu'ASTARTÉ ; Jérémie, VII, 18 ; XLIV, 18-29, la qualifie de « reine des cieux » ; il en est de même chez les classiques ; Hérodien, V, 6[10], nous dit : « Les PHÉNICIENS appellent Uranie la reine des astres, car ils veulent qu'elle soit la lune » : Οὐρανίαν Φοινίκες Ἀστροάρχην ὀνομάζουσι, σελήνην εἶναι θέλοντες. Le prophète Ezéchiel nous affirme, *ibid.*, que des femmes assises pleuraient Adonis ; nous verrons plus loin combien ce détail cultuel est exact.

II. — *Leurs demeures.*

Ces nombreuses divinités, dont nous venons d'esquisser les traits, étaient censées habiter principalement sur les sommets des montagnes et des collines, sur les *bamoth*, « hauts lieux », dont il est question dans la Bible (1) ; il est permis de supposer qu'on dut attacher une idée symbolique à ce choix des résidences divines : les hauteurs de la nature ont été toujours plus ou moins regardées comme l'expression, l'image de la puissance. C'est surtout au pays de Moab qu'on trouve les « hauts lieux » ; la stèle de Mésa, lig. 3, les mentionne explici-

(1) Cf. par ex., NOMB., XXI, 19-20.

tement ; et la Bible en évoque bien des fois le souvenir ; nous connaissons déjà le Baal-Hermon, divinité qui avait élu résidence sur la montagne de ce nom ; nous pouvons ajouter *bamoth*-Baal « hauts lieux de Baal », Nomb., xxii, 41 ; Jos., xiii, 17 (hébr.). La mention de ces « hauts lieux » s'est conservée d'une manière assez transparente dans les textes égyptiens ; sous Tothmès III, la ville de Haipha, d'après toutes les probabilités, ou, en tout cas, une autre ville de la région montagneuse du Carmel porte le nom de : *Rosh qodshou* « cap sacré », naturellement à cause de la résidence de quelque divinité (1). — On sait aussi que les divinités étaient censées habiter dans les troncs d'arbres, les *asherim, asherôth* (2) ; or, la Bible fait certainement allusion à cette superstition, Exod., xxxiv, 13 : « coupe leurs bois sacrés » ; Deut., xvi, 21 : « tu ne planteras pas de bois sacré ni d'arbre à côté de l'autel de ton Dieu » ; IV Rois, xvii, 10 : « ils se dressèrent des statues et des idoles sur toute colline élevée et sous tout arbre vert » ; II Chron., xxxiii, 3 : «... il construisit des autels aux Baals et planta

(1) Cf. sur ce point Baudissin, *Studien zur semitischen Religionsgeschichte*, t. ii, p. 145-269.

(2) Cf. Stade, *Geschichte des Volkes Israels*, t. i, p. 458-461 ; Vernes, *Du prétendu polythéisme des Hébreux*, t. i, p. 94-98.

des bois sacrés et adora toute l'armée des cieux et la servit ». — On croyait enfin qu'elles habitaient les stèles, *matzebah*, *netzib*, ou les Betyles, « maison des dieux » (1) ; la Bible mentionne à maintes reprises ces habitations ; cf., entre autres endroits, IV Rois, x, 26, 27 ; xvii, 10.

III. — *Les temples.*

Au point de vue de l'art, les temples des divinités syriennes n'avaient rien des *zikurat* assyriennes, ni des temples égyptiens ; la Syrie n'a jamais été un pays d'artistes ; le plus souvent elle se contentait de plagier ; si parfois elle s'aventurait à se diriger toute seule, elle ne produisait que des œuvres vulgaires : ses temples étaient de simples édifices en pierre, divisés en plusieurs compartiments servant à des besoins multiples; outre la cour affectée aux rites, aux sacrifices et aux diverses cérémonies religieuses, ils comprenaient des pièces réservées aux prêtres et aux provisions (2). Il faut

(1) *Corpus inscript. semitic.*, t. i, p. 63, 68, 76-80, 154-155, 194.

(2) Sur la nature de ces temples on peut consulter Perrot-Chipiez, *Histoire de l'art dans l'antiquité*, t. iii, p. 241-322 ; t. iv, p. 474-479 ; Pietschmann, *op. cit.*, p. 200-203.

aussi noter un autre détail, qui a son importance au point de vue biblique : c'est que la forme de ces temples leur permettait de servir au besoin de forteresses et de résister aux assauts de l'ennemi en temps de guerre ; de cet usage nous avons un exemple frappant dans l'histoire d'Abimelech, Jug., ix, 27, 46-49 ; cet épisode nous donne fort bien l'idée de ce qu'était le temple chananéen, le *Beth-Elohim*, le *Beth-Elberith*, de Sichem ; les découvertes archéologiques n'ont fait que confirmer ces renseignements ; dans les chaudes alertes on se retirait dans les temples pour se défendre sous la protection des dieux contre les attaques de l'ennemi.

IV. — *Le culte.*

Le culte de cette armée de divinités était d'une assez grande complication et comportait bien des variétés. La nature de la religion aurait eu de la peine à s'accommoder d'un culte à la fois grave et simple. Les cadres de ce culte sont cependant à peu près les mêmes que ceux de tous les cultes de tous les temps et de tous les lieux. Tout d'abord le personnel affecté au culte, prêtres, chanteurs, chanteuses, portiers, bouchers, esclaves, artisans, était très nombreux; les textes nous ont livré *toutes* les grandes lignes de l'organisation du culte régulier (1). La Bible connaît ce personnel, et, si elle ne le décrit pas en détail, elle nous en laisse entrevoir assez pour nous rassurer sur la valeur de ses renseignements : JUG., III, 20, Aod se donne comme un messager de Dieu au roi de Moab; III ROIS, XVIII, 19, 22-29, il est question des 450 prophètes de Baal ; on pourrait aussi rattacher à cet ordre de faits l'épisode de Balaam, NOMB., XXII-XXIV. A proprement parler, le prophétisme vrai n'appartient qu'à la religion d'Israël, bien que le prophétisme en lui-même soit une fonction de toutes les religions sémitiques. — A côté du personnel, les fêtes : elles rappelaient surtout des scènes de la vie agricole et pastorale: semailles, récoltes, vendanges, tonte des brebis; JUG., IX, 27, nous raconte un curieux épisode qui se passa à Sichem; XXI, 19-23, épisode de Silo ; ce sont là des indices qui nous représentent le caractère général des fêtes des religions syriennes; ces fêtes revêtaient parfois un caractère d'étrange bizarrerie; on peut citer comme modèle du genre celles de la déesse de Byblos ; elles avaient lieu dans le temple d'Astarté : durant sept jours, des troupes de

(1) Cf. *Corpus inscript. semitic.*, t. I, p. 92-99.

jeunes filles, éplorées et meurtries, couraient par monts et par vaux, cherchant leur idole qui avait disparu : « Au solstice, dans le temps que le sanglier avait éventré le chasseur divin et que l'été a déjà blessé le printemps, les prêtres fabriquaient une statue en bois peint qui représentait un cadavre préparé pour la sépulture, puis ils le cachaient dans ce qu'on nommait les jardins d'Adonis. C'étaient des cuves en poterie remplies de terre et plantées de blé ou d'orge, de laitues et de fenouil : on les exposait à la porte de chaque maison ou sur les parois du temple, où leurs touffes enduraient les ardeurs du soleil et se flétrissaient. Sept jours durant, des troupes de femmes et de jeunes filles, échevelées ou la tête rase, les habits en lambeaux, le visage labouré à coups d'ongles, la poitrine et les bras meurtris ou déchiquetés au couteau, cherchaient leur idole par champs et par monts, avec des hurlements de désespoir et des appels sans fin : « Hélas, Seigneur! Hélas, Seigneur! qu'est devenue ta beauté? » Dès qu'elles l'avaient découverte, elles la rapportaient aux pieds de la déesse, elles la lavaient en se montrant sa blessure, elles l'oignaient de parfums et l'ensevelissaient dans des linceuls de laine et de toile, puis elles la couchaient sur un catafalque, et, après s'être désolées autour d'elle selon le rite usité aux funérailles, elles la descendaient solennellement dans la tombe » (1). Cette suite ininterrompue de chants funèbres constituait ce qu'on appelle les *Nénies* (2). La Bible a-t-elle conservé des traces de cette manière de célébrer des funérailles ? Lorsque le prophète Jérémie annonce, XXII, 18, au roi Joakim, qu'on ne le pleurera pas après sa mort, il paraît viser cet usage (3).

Aux époques de calamités et de fléaux, les prêtres se rendaient sur les « hauts lieux » pour implorer la pitié de leur dieu ; III Rois, XVIII, 20-40 retrace la scène où les prophètes de Baal montent au sommet du Carmel avec Elie pour obtenir de leur dieu la fin d'une sécheresse qui désolait la contrée. A ces divinités on dressait des menhirs, des dolmens, des cromlechs (4) ; cet usage, expurgé, bien entendu, de sa signification idolâtrique, et réservé uniquement à perpétuer la mémoire d'un grand événement, s'est conservé dans la Bible, Gen., XII, 6-7 ; XXVI, 23-25 ; XXVIII, 10-22 ; XXXI, 45-54 ; XXXIII, 20 ; XXXV, 1-15, 20 ; il faut en dire autant d'au-

(1) G. Maspero, *op. cit.*, t. II, p. 178-179.

(2) Cf. Movers, *op. cit.*, p. 244-253.

(3) Cf. aussi XXXIV, 5, où il déclare au roi Sédecias qu'on le pleurera après sa mort.

(4) On peut voir dans G. Maspero, *op. cit.*, t. II, p. 161, un de ces dolmens.

tres rites analogues ; tels que : onction d'huile, GEN., XXVIII, 18 ; XXXI, 13 ; XXXV, 14 ; immolation de victimes, *ibid.*, XXXI, 54.

V. — *Les sacrifices.*

Toutes ces divinités étaient assez portées à la cruauté ; elles exigeaient des sacrifices sanglants, non seulement d'animaux, mais aussi d'hommes, et cela pour apaiser leur courroux ou pour marquer leur souverain domaine. Chez plusieurs peuplades syriennes, le premier-né de la famille leur appartenait de droit (1). Les traces de ce rite se retrouvent dans la Bible, EXOD., XXII, 29 ; XXXIV, 20 ; EZECH., XX, 26 ; MICH., VI, 7. Le premier-né devait être racheté à prix d'argent, NOMB., XVIII, 15-16 ; parfois il pouvait l'être soit par la substitution d'un animal, GEN., XXII, 1-13 (sacrifice d'Abraham), soit par la circoncision, EXOD., IV, 24-26 ; tous ces détails rituels étaient communs aux populations syriennes ; Hérodote, II, 104, nous est témoin de la pratique de la circoncision

(1) Cf. ED. MEYER, *Geschichte des Alterthums*, t. I, p. 249-250.

chez les Syriens de son époque (1). — Les divinités allaient parfois jusqu'à exiger le sang de leurs prophètes; III Rois, xviii, 28, les prophètes de Baal, voyant que leurs offrandes n'avaient pas eu de succès, « se firent des incisions avec des épées et des piques jusqu'à être aspergés de sang ». Les Astartés se distinguaient par leur férocité; elles ne craignaient pas d'infliger à leurs dévots des flagellations et même des mutilations; la plupart d'entre elles s'entouraient d'un cortège libidineux, aux titres les plus variés et les plus significatifs : *Kedeshim* « les saints », et par contraste « hommes de plaisirs », *Kedeshôt* « les saintes », et par contraste « courtisanes », *Kelabim* « chiens ». Le Deutéronome, xxiii, 17-18, paraît contenir une allusion à ces « chiens » ; une inscription de Chypre a perpétué ce même titre de « chien » (2).

(1) Cf. Wiedmann, *Hérodots zweites Buch*, p. 410-413; Ed. Meyer, *op. cit.*, t. i, p. 250; Th. Reinach, *De quelques faits relatifs à l'histoire de la circoncision*, dans l'*Anthropologie*, 1893, p. 28-31. — Sur la circoncision en général on peut voir H. Schultz, *Alttestam. Theologie*, p. 132-135.

(2) *Corpus inscript. semitic.*, t. i, p. 92-99.

CHAPITRE II

LA COSMOGONIE

De toutes les populations de l'ancienne Syrie, les Phéniciens sont les seuls dont nous connaissions, du moins dans ses lignes générales, la cosmogonie. Le lecteur n'aura aucune peine à reconnaître dans cette cosmogonie un mélange d'idées chaldéo-égyptiennes et de données bibliques : on voit que la cosmogonie phénicienne se ressent de la situation géographique du pays, qui était le centre où aboutissaient toutes les expansions des empires de l'antiquité (1). Remarquons au préalable que

(1) La cosmogonie phénicienne nous est connue par Philon de Byblos, qui n'aurait fait qu'utiliser de vieux documents, conservés dans les sanctuaires et mis en ordre par Sankhoniaton. L'œuvre de Philon n'existe plus dans son ensemble ; on en trouve des fragments dans MULLER-DIDOT, *Fragmenta historic. græc.*, t. III, p. 560-573, et dans BUNSEN, *Philonis Byblii Fragmenta*, dans *Egypt's place in universal history*, t. V, p. 789-854. Cf., sur ces fragments, FR. LENOR-

cette cosmogonie n'est pas uniforme; on admettait généralement que Baal, le dieu suprême, est l'ouvrier de tout ce qui existe, mais son mode d'action était diversement interprété : les uns le regardaient comme le juste, *Sîdîk*, qu'une huitaine de Cabires avaient aidé dans son œuvre (1); les autres croyaient que le monde est l'œuvre d'une famille divine, dont les générations successives ont produit les divers éléments. Colpias, le vent d'orage (2), uni au Chaos, avait enfanté deux mortels : *Oulom* « le temps » et *Kedmôn* « le premier-né »; ceux-ci engendrèrent *Qen* et *Qénath* (3) qui habitèrent (*possédèrent, qânâh* ?) la Phénicie; comme une sécheresse en désolait le pays, ils levèrent les mains vers le soleil, *Baal-shamîn*, « le maître des cieux », pour obtenir la fin de

MANT, *Les origines de l'histoire*, t. I, p. 532-552; BAUDISSIN, *Studien zur semitischen Religionsgeschichte*, t. I, p. 1-46; RENAN, *Mémoire sur l'origine et le caractère véritable de l'histoire phénicienne qui porte le nom de Sanchoniaton*, dans les *Mémoires de l'Académie des Inscriptions*, t. XXIII, 2e partie, p. 241-334.

(1) Cette conception rappelle l'Ennéade hermopolitaine, et doit être par conséquent d'infiltration égyptienne.

(2) SCHRÖDER, *Die Phönizische Sprache*, p. 86, pense que Colpias est un mot composé, *Kol-piakha*, qui signifie la « voix du souffle » ; ce serait l'hébreu : *qôl phûach ;* cf. GEN., II, 7.

(3) Ont-ils quelque relation avec les KÉNITES de la Bible, GEN., XV, 19 ?

ce fléau. A Tyr, on entrait dans plus de détails : au commencement existait le Chaos, mais un chaos troublé et ténébreux (1) ; un souffle, *rûach* (2), flottait dans le chaos. De l'union du chaos et du souffle sortit *Môt*, le limon (3), qui avait la forme d'un œuf, et qui donna naissance à toutes choses (4). — Le soleil, la lune, les étoiles, les grands [luminaires] firent leur apparition et brillèrent (5). Il y eut ensuite des êtres vivants, mais privés d'intelligence (6), desquels naquirent des êtres intelligents, appelés *Tzôphêshamîn* « contemplateurs des cieux » (7). La lutte enfantée par la séparation des éléments suscita les éclats du tonnerre, lesquels éveillèrent de leur sommeil ces êtres intelligents ; aussitôt les mâles et les femelles commencèrent à se mouvoir, à se chercher, soit sur la terre, soit dans la mer ; leur accouplement donna naissance aux phénomènes de la génération. A partir de là les spéculations cosmogoniques de la Phénicie ne présentent plus rien de singulier.

(1) Probablement *tohu-bohû ;* Gen., I, 2.

(2) *Ibid.*

(3) C'est probablement *maim* « eau » des langues sémitiques.

(4) Dans la cosmogonie égyptienne le limon joue le même rôle.

(5) Cf. Gen., I, 14-18.

(6) Evidemment les plantes et les bêtes ; Gen., I, 11-12 ; 24-25 ; on peut y voir aussi *Lakhmou*, *Anshar* et *Illinou* de la cosmogonie chaldéenne.

(7) Sans doute les hommes.

CHAPITRE III

L'ANTHROPOLOGIE

L'archéologie syrienne ne nous a livré sur ce terrain que les données communes à tous les peuples de race sémitique. Nous n'avons qu'à synthétiser ces données et le lecteur n'aura aucune peine à s'y reconnaître :

1° *Conditions de l'âme en général.* — Les doctrines phéniciennes sur ce sujet, résumées avec beaucoup de netteté par Perrot-Chipiez (1) et Pietschmann (2), sont absolument analogues à celles de la Bible ; ces antiques populations étaient pénétrées des mêmes idées ; elles se représentaient l'âme sous les mêmes couleurs, sous les mêmes aspects : les êtres vivants, sans exception, sont animés par un souffle qui coule dans leurs veines avec le sang ; voilà pourquoi

(1) *Histoire de l'art dans l'antiquité*, t. III, p. 137-144.
(2) *Op. cit.*, t. I, 191-196.

quiconque mangeait de la chair sanglante ou buvait du sang, absorbait par là même cette âme ; il est aisé de reconnaître là la *nephesh* des Hébreux ; cf. DEUT., XII, 23 ; I ROIS, XIV, 32-34. En fait de psychologie humaine, les peuples sémites se sont, il est vrai, élevés à des conceptions plus hautes, mais ils les ont formulées d'une manière sensible.

2° *Les tombeaux.* — Les populations syriennes enterraient les morts dans les cavernes ; les explorations modernes ont mis ce point en lumière : c'est ainsi que dans les tombes d'Amrît on a trouvé des débris d'étoffes, servant évidemment à envelopper les cadavres (1) ; cela est en parfait accord avec la Bible, qui nous atteste des pratiques de ce genre, GEN., XXIII, 3-20 ; XXV, 9-10 ; L, 13. Le cadavre était de plus oint de parfums et enveloppé de linges, qui en retardaient la décomposition ; les livres saints connaissent, eux aussi, l'embaumement, II CHRON., XVI, 14. Lorsque la caverne était bouchée, on dressait un cype qui en marquait la place, ou un autre monument de ce genre (2) ; cela nous ramène aussi à la Bible, GEN., XXXV, 20.

3° *Les mânes.* — Après la mort, les «mânes»,

(1) Cf. RENAN, *Mission de Phénicie*, p. 78, 421-422.
(2) Cf. RENAN, *ibid.*, p. 79-80.

rephaïm, allaient habiter une région lointaine, un royaume quelque peu mélancolique et ténébreux. Le mot : *rephaim* a dans la Bible diverses significations ; néanmoins il indique quelquefois les morts, Ps. LXXXVIII, 11 (hébr.). Il est permis de voir dans Is., XIV, 9-20, et dans Ezech., XXXII, 17-32, une description de ce royaume des morts tel qu'on le concevait à cette époque ; et cette conception était plus ou moins celle de toutes les races sémites ; dans l'eschatologie syrienne, l'âme était livrée à des divinités inflexibles ; en Phénicie, la principale de ces divinités était *Maoût*, la « mort » ; le Psaume XLIX, 14 (hébr.), XLVIII, 15 (Vulgate), enseigne quelque chose d'analogue ; on y voit que la mort se repaît des morts comme de brebis.

4° *Le vêtement.* — Je rattache à l'anthropologie quelques détails sur le vêtement. Les monuments nous attestent clairement qu'il était à peu près le même pour toutes les populations de l'ancienne Syrie. La classe inférieure se contentait le plus souvent d'une chemise jaune ou blanche, à manches courtes, flottant jusqu'à mi-jambe ; c'est la *Kethoneth* des Hébreux, Gen., XXXVIII, 3, 23, 31 ; Exod., XXVIII, 40 ; Lev., X, 5, et des Phéniciens, la χιτών des Grecs ; le dessin s'en est conservé sur les monuments (1).

(1) Cf. Champollion, *Monuments de l'Egypte et de la*

Quant à la haute classe, elle ajustait par dessus le vêtement une bande assez longue qui, après avoir fait le tour de la poitrine, s'évasait sur les épaules en guise de pélerine (1). Tout porte à croire que cette bande est la *simelah* des Hébreux, GEN., XLIV, 13 ; XLV, 22 ; DEUT., VIII, 4 ; XXII, 5 ; Is., III, 7 (2).

Nubie, pl. LXV, CLVIII, 1 ; CLX, 1 ; CLXVII, 5 ; CLXXVI, 1 ; CLXXIX, 1 ; CCVI ; ROSELLINI, *Monumenti storici*. pl. LXVIII ; LEPSIUS, *Denkmäler*, III, 92, 109, 116 *a-b*, 126 *a*, 127-128, 145 *c*, 166.

(1) Cf. CHAMPOLLION, *ibid.*, pl. LXVII ; ROSELLINI, *ibid.*, pl. XLVI--L, LIX ; LEPSIUS, *ibid.*, III, 109, 116 *a-b*, 145 *c*, 156 ; VIREY, *Le tombeau de Bekhmara*, pl. VII ; BOURIANT, *Le tombeau d'Harmhabi*, pl. IV.

(2) Voir dans G. MASPERO, *Hist. anc.*, t, III, p. 291, un dessin représentant Sennachérib recevant la soumission des Juifs au camp devant Lakîsh ; on pourra se faire par là une idée du vêtement des Juifs à cette époque.

CHAPITRE IV

L'ETHNOGRAPHIE

L'ancienne Syrie fut habitée, simultanément ou successivement, par une masse de populations dont il est la plupart du temps difficile de fixer l'origine, le caractère et l'indentité. La Bible elle-même mentionne un très grand nombre de ces populations, mais ici encore les difficultés ne manquent pas ; si la science a pu se prononcer en toute sûreté sur certains de ces groupes ethnographiques, pour beaucoup d'autres elle n'a pu encore percer le mystère. La grande difficulté sous ce rapport c'est de concilier la science et la Bible, ou plutôt de déterminer à quelles données scientifiques correspondent les indications bibliques. Nous essayerons de dégager les certitudes en laissant de côté toutes les hypothèses plus ou moins fantaisistes qu'on a faites dans certains milieux, et dont une apologétique plus enthousiaste que réfléchie a voulu tirer trop bruyamment parti.

Amorrhéens. — Ce peuple robuste occupe une très grande place dans la Bible ; son habitat est, dans une certaine mesure, facile à déterminer. « Les Amorrhéens avaient leur quartier général dans la Syrie Creuse autour de Qodshou, mais une portion d'entre eux était descendue en Galilée, aux bords du lac de Tibériade ; une autre campait non loin de la Méditerranée, à portée de Joppé ; d'autres s'étaient fixées auprès des Hittites méridionaux, en nombre suffisant pour que les livres hébreux appelassent parfois d'après eux les montagnes qui surplombent vers l'Occident la mer Morte et le val du Jourdain. On les signalait même par les plateaux qui bordent le désert de Damas, dans les districts fréquentés des Bédouins de la souche Térachite, Ammon et Moab, sur le Yarmouk, sur le Jabbok, à Edréi, à Hesbôn (1). » Cela concorde avec la Bible qui affirme la présence des Amorrhéens près de la Méditerranée, dans la partie montagneuse, autour de Joppé d'où les Danites ne purent les chasser, Jos., xi, 3 ; Jug. i, 34, et dans la partie méridionale de la Syrie, Gen., xiv, 7, 13 ; Nomb., xiii, 30 ; Deut., i, 7, 19, 27, 44 ; Jos., x, 5-6, 12 ; leur frontière méridionale

(1) G. Maspero, *op. cit.*, t. ii, p. 148.

coïncidait exactement avec la montée des scorpions au sud-ouest de la mer Morte, JUG., I, 36. Consultons maintenant les textes étudiés par l'érudition moderne; la liste de Tothmès III mentionne AMAOUROU ; les savants n'ont nullement hésité à reconnaître l'identité d'AMAOUROU et des Amorrhéens (1). Ce terme : *Amorrhéens*, aurait une signification assez étendue ; suivant Ed. Meyer, il indiquerait, parallèlement à celui de *Chananéens*, les habitants de la Palestine antérieurs à l'établissement des Hébreux ; les monuments égyptiens signalent bien la force d'expansion et la diffusion de cette race ; mais aucune conclusion certaine ne peut être dégagée. On peut aussi interroger les inscriptions cunéiformes : elles désignent, par MARTOU, AKHARROU, l'ensemble des marches méditerranéennes ; la différence entre ces deux qualifications c'est que MARTOU serait la forme sumérienne et AKHAROU la forme sémitique (2). Depuis la découverte des tablettes d'El-Amarna on a conçu des doutes sur la lecture du mot *Akharou* : certains savants pensent qu'il faut la conserver (3) ;

(1) Cf. OSBURN, *Egypt, her testimony to the Truth*, p. 65-66.

(2) On peut voir FR. DELITZSCH, *Wo lag das Paradies?* p. 271-273.

(3) HALÉVY, *Notes géographiques*, § 34, dans *Revue sémitique*, t. I, p. 185.

d'autres estiment qu'il faut la remplacer par *Amourrou*, le pays des Amorrhéens (1) ; Sayce croit que la lecture *Amourrou* des anciennes époques a été remplacée par *Akharrou* dans les textes de basse époque (2) ; enfin Hommel a émis l'idée que Martou serait une abréviation pour Amartou, c'est-à-dire Amar « Amorrhéens » avec la terminaison féminine *tou* des noms dans les idiomes chananéens (3).

Ce peuple vigoureux, les Hébreux le rencontrèrent en pénétrant, après l'Exode, dans le pays de Chanaan : « Les Amorrhéens, ébranlés par le choc des hordes asiatiques, harcelés constamment par les Araméens, avaient évacué les positions qu'ils avaient sur l'Oronte et sur le Litany : ils étaient descendus vers le sud en refoulant les Chananéens, et leur déplacement s'était accéléré à mesure que la résistance opposée à leurs masses mollissait sous les successeurs de Ramsès III et se réduisait à néant. Ils avaient submergé les alentours du lac de Génésareth, les monts au sud du Thabor,

(1) Delattre, *Azirou*, dans les *Proceedings* de la société d'archéologie biblique, t. xiii (1890-1891), p. 233-234 ; cf. M. Jastrow, *On Palestine and Assyria in the days of Joshua*, dans la *Zeitschrift für Assyriologie*, t. ii, p. 2, note 1 ; Bezold-Budge, *op. cit.*, p. xviii, note 2.

(2) *Correspondence between Palestine and Egypt*, dans les *Records of the Past*, 2e sér., t. v, p. 95, note 4. p. 98, note 2.

(3) *Geschichte Babyloniens und Assyriens*, p. 270.

le bassin moyen du Jourdain, et, s'écoulant à travers les plateaux ondulés qui s'étendent à l'est du fleuve, ils en avaient assailli les cités (1) ». Ce sont eux probablement qui ont légué un monument original, le seul qu'on ait encore trouvé dans ces parages : c'est un bas-relief taillé dans un bloc de basalte noir et représentant l'Astarté aux deux cornes, et un roi en adoration devant elle (2) : ce roi c'est Ramsès II; la légende en hiéroglyphes ne se prête guère au déchiffrement; on croit cependant pouvoir lire le nom d'une déesse AGANA-ZAPHON, qui serait à rapprocher de BEEL-SEPHON, EXOD., XIV, 2. Ce monument, connu sous le nom de *Pierre de Job*, fut découvert par Schuhmacher (3).

ARAD. — La Bible nous apprend, NOMB., XXI, 1, XXXIII, 40, qu'un Chananéen était roi d'Arad ; elle fait aussi mention de ce pays dans JUG., I, 16. Ce nom a été découvert dans les textes égyptiens par Birch (4) et sur les tablettes d'El-Amarna sous la forme AROUADA, ARADA (5).

(1) G. MASPERO, *op. cit.*, t. II, p, 676.

(2) En voir le dessin dans G. MASPERO, *op. cit.*, t. II, p. 677.

(3) Cf. *Zeitschrift des Palästina-Vereins*, 1888, t. XIV, p. 142 et suiv. ; ERMAN, *Der Hiobstein*, *ibid.*, t. XV, p. 205-211.

(4) *On the hieroglyphical Inscription of the Obelisk of the Atmeidan at Constantinople*, p. 9, note 30.

(5) Cf. BEZOLD-BUDGE, *op. cit.*, p. LIX, note 1.

Araméens. — Inutile de rappeler tous les endroits de la Bible où il est fait mention d'Aram. On avait cru jadis que ce peuple est mentionné dans le *Papyrus Anastasi III*, pl. V verso, lig. 5; mais on ne tarda pas à s'apercevoir qu'il y a à cet endroit une faute de scribe, qui fut corrigée sans doute possible par Chabas (1) ; la cause ne fut cependant pas perdue car, comme le fait justement remarquer Max Müller (2), la faute même est une preuve de l'existence de ce peuple et de la connaissance qu'on en avait en Egypte ; on peut donc tenir pour certain que ce peuple a sa place dans l'archéologie.

Chananéens. — Ce peuple est familier aux lecteurs de la Bible ; il se trouve dans les textes égyptiens (3) ; on le trouve aussi, à plusieurs reprises, sous la forme Kinakhkhi, Kounakhaiou, sur les tablettes d'El-Amarna (4).

Caphtorim. — Les textes égyptiens parlent d'un peuple nommé Kephatiou. Tout laisse supposer que ces Kephatiou sont identiques aux Caphtorim de la Bible, Gen., x, 14 ; I Chron., I, 12. La chose est d'autant plus vraisemblable

(1) *Recherches pour l'histoire de l'Egypte sous la XIX*[e] *Dynastie*, p. 97-107.

(2) *Op. cit.*, p. 234.

(3) Cf. Max Muller, *op. cit.*, p. 205-208.

(4) Cf. Winckler, dans la *Zeitschrift für Assyriologie*, 1889, p. 45, note 4.

que la grande partie des exégètes pensent que les CAPHTORIM sont les anciens habitants de l'île de Crète et que, d'autre part, beaucoup de savants ont identifié les KEPHATIOU des textes égyptiens aux habitants de Crète. Remarquons pourtant que le décret de Canope, lig. 9 *hiérogl.*, lig. 17 *grec*, place les KEPHATIOU en Phénicie. On pourrait néanmoins supposer que des Crétois avaient émigré en Phénicie, ou que le décret de Canope ne donne qu'une indication vague.

CHUS. — Recueillons dans la Bible les indications qui se rapportent à ce pays; nous y voyons que Chus est à l'est de la Palestine, puisque Nemrod, fondateur de l'empire de Babylone, GEN., X, 10, est un chushite, *ibid.*, 8; de plus le fleuve Gehon entoure Chush, *ibid.*, II, 13 (hebr.); le pays s'étend vers le sud; Moïse en effet épouse Sephora, fille d'un prêtre madianite, EXOD., II, 21, laquelle est dite Chushite, NOMB., XII, 1 (hebr.); les Chushites sont limitrophes des Arabes, II CHRON., XXI, 16; enfin les Chushites sont situés au sud de l'Egypte, IV ROIS, XIX, 9 ; IS.; XVIII, 1 ; XX, 3, 5 ; XXXVII, 9 (hébr.). Nous voyons d'autre part que, dans tous ces passages, les Septante et la Vulgate identifient CHUSH à l'ETHIOPIE. — Les monuments égyptiens s'accordent avec la Bible ; le mot *khaisît* « humiliée », « prosternée » est l'épithète officielle de l'Ethiopie, dans les inscriptions égyptiennes ; le pays lui-même de *Kaoushou*, *Koush*, n'est autre que l'Ethiopie : « Le pays d'au-delà Semneh était une terre vierge que les guerres antérieures avaient effleurée à peine sans jamais l'entamer et dont le nom paraît alors (sous la XIIIe Dynastie) pour la première fois sur les monuments, celui de Kaoushou, — Kaoush l'humiliée. Il comprenait les cantons situés au Midi, dans le coude immense que le fleuve [le Nil] décrit entre Dongolah et Khartoum, les vastes plaines où le Nil Blanc et le Nil Bleu promènent leur lit, les régions du Kordofan et du Darfour : il confinait aux monts d'Abyssinie, aux marais du lac Nou, à toutes les contrées demi-fabuleuses, où l'on reléguait les *Iles des Mânes* et les *Terres des Esprits*. Le Pouanît le séparait de la Mer Rouge, le Timihou s'interposait, à l'Ouest, entre lui et les limites du monde. Cent tribus aux noms étranges, blanches, cuivrées, noires, se disputaient cet espace mal défini, les unes encore barbares ou policées à peine, les autres parvenues à un certain degré de civilisation matérielle presque comparable à celui de l'Egypte (1) ».

Les textes assyriens concordent aussi avec les données bibliques : Chus, y apparaît sous la

(1) G. Maspero, *op. cit.*, t. I, p. 488-489.

forme KUSHU (1) ; il est situé au Sud de l'Egypte : les inscriptions d'Assarhaddon (VIIe siècle avant notre ère) portent : *Mat Mutzur mat Kushi* « pays de l'Egypte et pays de Chus » (2).

Ces deux points sont certains ; une autre question connexe avec la précédente demeure encore problématique : les textes mentionnent un autre peuple : KASHSHOU en égyptien, KASHI, *mat* KASHI en assyrien. Quel est ce peuple? On a fait bien des hypothèses que nous ne pouvons qu'indiquer sommairement : les Kashshou ont été identifiés avec les Cosséens par Sayce (3), Schrader (4), Fr. Delitzsch (5), Tièle (6), Jensen (7), Halévy (8), Hommel (9). Oppert (10) et

(1) Cf. STRASSMAIER, *Alphabetisches Verzeichniss der assyrischen Wörter*, n° 4570 ; FR. DELITZSCH, *Assyrische Grammatik*, p. 106.

(2) Cf. *Cuneiform Inscriptions of Western Asia*, t. I, pl. 48, n° 4, lig. 2, n° 5, lig. 5 ; t. III, pl. 35, n° 4.

(3) *The languages of the Cuneiform Inscriptions of Elam and Media*, dans les *Transactions* de la société d'archéologie biblique, t. III, p. 475-476.

(4) *Keilinschriften und Geschichtsforshung*, p. 176, 271.

(5) *Wo lag das Paradies?* p. 31-32, 124, 128-129 ; *Die Sprache der Kossaeer*, p. 1-4.

(6) *Babylonish-Assyrische Geschichte*, p. 62-63, 67-71.

(7) *Gulkishar, König von Babylon*, dans la *Zeitschrift für Assyriologie*, t. VIII, p, 222, note 1.

(8) *Notes assyriologiques*, § 24, dans la *Zeitschrift für Assyriologie*, t. IV, p. 208-209.

(9) *Op. cit.*, p. 275-278.

(10) *La langue Cissienne ou Cassite non Cosséenne*, dans la *Zeitschrift für Assyriologie*, t. III, p. 421-423.

Lehmann (1) soutiennent qu'ils répondent aux KISSIENS d'Hérodote (III, 91, VII 62) et de Strabon (XV, 3[3], p. 728), c'est-à-dire aux habitants de la région dont Suse était la capitale. Winckler (2) ne se prononçe pas. Enfin Kiepert (3) et d'autres savants pensent que les KISSIENS des auteurs classiques sont les mêmes que les COSSÉENS.

HETHÉENS. — Ce peuple, sur les origines duquel il règne tant de mystères, est bien souvent mentionné dans la Bible, GEN., XXIII, 3-20; XXV, 9-10; XXVI, 34; XLIX, 29-30; NOMB., XIII, 30; JOS., XI, 3; son histoire a soulevé parmi les savants bien des discussions dont on peut voir les traces dans Stade (4). Les Héthéens sont mentionnés dans la liste de Tothmès III, qui les rencontra, vers le XVIe siècle, établis entre l'Afrîn et l'Euphrate; la vocalisation égyptienne de leur nom est KHÎTI; la vocalisation assyrienne des textes d'El-Amarna est KHATI, KHATÈ.

HORIM, HORITHES. — Il est question de ce peuple dans GEN., XIV, 6, sous la forme CHOR-

(1) *Noch einmal Kassu, ibid.*, t. VII, p. 328-334.
(2) *Geschichte Babyloniens und Assyriens*, p. 78-79.
(3) *Lehrbuch der alten Geographie*, p. 139.
(4) *Geschichte des Volkes Israels*, t. I, p. 143. Cf. aussi mon article *Héthéens*, dans le *Dictionnaire de la Bible* de Vigouroux.

RÉENS ; XXXVI, 22 ; DEUT., II, 12, 22. Les textes égyptiens mentionnent les KHAROU. Haigh et Stern ont identifié, contre Max Müller, ces KHAROU, KHAOURI avec les HORIM de la Bible (1).

LOTANS. — Clan édomite, mentionné dans GEN., XXXVI, 20. Les textes égyptiens parlent d'un peuple appelé LOTANOU ou, par changement de *l* en *r*, ROUTANOU. F. de Saulcy (2), Haigh (3) et Renan (4) ont rapproché les LOTANOU des textes égyptiens des LOTANS de la Bible.

PHILISTINS. — On sait que ce peuple a une importance capitale dans la Bible ; aux temps historiques, il est presque continuellement aux prises avec Israël. Sur l'origine de ce peuple commençons par recueillir les indications contenues dans les livres saints : on constate qu'ils sont originaires de Caphtor [= île de Crète] ; Jérémie, XLVII, 4 (hébr.), les appelle : « le reste de l'île de Caphtor » ; d'après Amos, IX, 7 (hébr.), « Jahveh les avait fait monter de Caphtor » ; sans être aussi explicite, le Deutéronome

(1) Cf. MASPERO, *Notes sur quelques points de grammaire et d'histoire*, dans le *Recueil de travaux*, t. XVII, p. 140-142.

(2) *Lettres à M. Chabas sur quelques points de la Géographie antique de la Syrie*, dans *Mélanges d'archéologie égyptienne et assyrienne*, t. I, p. 98-100.

(3) *Xaru, Reten and Shasu*, dans la *Zeitschrift*, 1875, p. 30.

(4) *Histoire du peuple d'Israël*, t. I, p. 12, 115.

affirme, II, 23 (hébr.), que les CAPHTORIMS, issus de Capthor, chassèrent les AVVIM, qui habitaient dans des hameaux jusqu'à Gaza, les détruisirent et habitèrent en leur place (1). La tradition classique coïncide exactement avec les données bibliques; les savants modernes sont unanimes à admettre que les Philistins sont originaires de l'île de Crète, mais ils ne s'entendent pas sur leur souche ethnographique, vu que l'île de Crète fut occupée par des races diverses : Stade (2) pense qu'ils descendaient des colons sémitiques établis en Crète à l'époque pré-hellénique et éliminés peu à peu par les invasions achéennes; il paraît cependant plus probable qu'ils appartenaient à l'une des tribus non sémitiques établies dans l'île et qu'ils étaient alliés à la Grèce insulaire et continentale (3). Renan (4) est même allé plus loin ; il pense qu'un certain nombre de mots grecs qu'on rencontre dans l'hébreu, tels que : *prbr*, I CHRON., XXVI, 18 περίβολος ; *mikr*, SOPH., II,

(1) GEN., X, 14, où il est dit que les PHILISTINS proviennent des CHASLUIMS paraît devoir être corrigé ; il faut probablement intervertir les termes et placer : *et les Caphtorims* avant *les Philistins* et immédiatement après *et les Chasluims*.

(2) *Op. cit.*, t. I, p. 142.

(3) Cf. HITZIG, *Urgeschichte und Mythologie der Philister*, p. 37 et suiv.

(4) *Op. cit.*, t. II, p. 33.

9, μάκαιρα ; *pilgesh*, GEN., XXV, 6 etc., πάλλαξ, proviennent de leur langage. ACHIS, roi de Geth, I ROIS, XXI, 10 ; XXVII, 2 ; XXVIII, 1 ; XXIX, 6 ; III ROIS., II, 39, doit être un philistin ; ce nom apparaît déjà dans les monuments égyptiens, dès la XIXe Dynastie (1), et dans les textes assyriens sous Sargon (2).

Les historiens contemporains décrivent ce peuple sous des couleurs où il est aisé de reconnaître les traits de la Bible : « Un décret de Pharaon avait assigné une patrie nouvelle aux débris des nations de la Mer : aux Philistins proprement dits, les villes les plus rapprochées de l'Egypte, entre Raphia et Joppé; aux Zakkala, la forêt et la côte au nord des Philistins, jusque vers les comptoirs phéniciens de Dor et du Carmel. Ce fut une colonie militaire, dont la population se concentra presque entière dans les cinq forteresses qui commandaient la Shéphélah. Gaza et Ashdod, séparées de la Méditerranée par l'épaisseur des dunes, n'y possédaient qu'un *maiouma* [= port], une simple marine, quelques maisons et quelques magasins rangés à l'orée d'une plage ouverte, sur laquelle

(1) Cf. MAX MULLER, *Die Kefto-Namen*, dans la *Zeitschrift für Assyriologie*, t. IX, p. 394-395. — Les Philistins sont les POULASATI dont il est question sous Ramsès III ; cf. G. MASPERO, dans *Revue critique*, 1873, t. II, p. 84-85.

(2) MAX MULLER, *Asien und Europa*, p. 386, note 1.

il fallait tirer les navires au sec. Ascalon était bâtie à la terre même, près d'un havre où la moindre de nos frégates modernes n'aurait pu entrer, mais où les vaisseaux mesquins des Anciens se carraient à l'aise : les Philistins en firent leur arsenal maritime, le port où leurs flottes s'armaient pour exercer la police des eaux égyptiennes ou pour pratiquer la piraterie à leur compte dans les parages de la Phénicie. Ekron et Gath surveillent la lisière orientale de la plaine, aux points où elle était le plus sérieusement menacée par les gens de la montagne, par les Chananéens d'abord et bientôt par les Hébreux. Les soudards étrangers se modifièrent vite au contact des indigènes : les rapports journaliers, puis les mariages avec les filles du pays, substituèrent la langue, la religion, les mœurs de la race ambiante à celles de leur contrée première. Les Zakkala, moins nombreux sans doute, perdirent bientôt jusqu'à leur nom, et ce fut tout au plus si les Philistins gardèrent le leur : au bout d'une ou deux générations, les *poulains* de Palestine ne parlèrent plus que l'idiome de Chanaan, où quelques mots du patois hellénique surnageaient à peine. Leurs dieux furent désormais ceux des villes où ils résidaient, Marna et Dagon à Gaza, Dagon à Ashdod, Baalzeboub à Ekron, Derketo dans Ascalon ; leurs cultes furent les cultes locaux avec leur mélange de cérémonies obscènes et de rites sanglants. Deux choses seulement leur restèrent de leur passé, le souvenir très net d'une origine lointaine, et le tempérament batailleur qui les avait guidés par mainte aventure des rivages de la mer Egée aux frontières de l'Egypte. Ils se rappelèrent leur île de Caphtor, et leurs voisins les désignèrent encore longtemps par l'épithète de Crétois dont ils se glorifiaient eux-mêmes (1). Gaza jouissait d'une sorte d'hégémonie que justifiait l'importance de sa situation pour la guerre et pour le trafic, mais cette suprématie était un peu précaire et ne lui valait en aucune sorte le droit de s'immiscer dans les affaires intérieures des autres confédérés. Chacun de ceux-ci obéissait à un chef militaire, à un Serén : à Gath, où la proportion d'éléments chananéens était plus considérable que partout ailleurs, le Serén était héréditaire et recevait le titre de roi, *melek*. Les cinq Sarnîm se réunissaient en conseil pour délibérer des affaires et pour offrir les sacrifices au nom de la Pentapole. Ils étaient libres de contracter des alliances ou de se mettre

(1) Cf. I Rois, xxx, 14, où il est question du « *négéb* [= Sud] des Crétois » ; Ezech., xxv, 16 (hébr.) mentionne des « Philistins, des Crétois et du reste qui est sur le bord de la mer » ; Soph., ii, 5 (hébr.) menace « ceux qui habitent les côtes de la mer, la nation des Crétois, Chanaan et la terre des Philistins ».

en campagne chacun de son côté, mais, dans les occasions décisives, ils opéraient en commun à la tête de tous leurs contingents coalisés. Leurs armées comprenaient des archers très adroits, une grosse infanterie munie de piques, un corps de chars où les princes et l'élite de la nation servaient. Tout ce monde portait la chemise d'écailles imbriquées et le casque d'airain, la rondache, l'arc, la lance, l'épée large et solide en bronze ou en fer. La tactique était probablement celle des bandes égyptiennes, l'une des plus savantes qu'il y eût alors en Orient. Bien conduits et rangés dans des positions convenables aux manœuvres de leur charrerie, les Philistins n'avaient rien à redouter des milices que leurs adversaires pouvaient aligner contre eux. Il est certain qu'aux premiers temps du moins de leur séjour en Syrie, ils continuèrent à écumer les mers avec succès, ainsi qu'ils l'avaient accoutumé avant leur capture par Ramsès III, mais la mémoire d'une seule de leurs expéditions a survécu ; une escadre sortie d'Ascalon détruisit la flotte sidonienne et saccagea Sidon, pendant les dernières années du XIIe siècle. Si intense que l'activité de leurs corsaires dût être au début, elle paraît s'être ralentie assez promptement : c'est comme soldats qu'ils sont célèbres, c'est sur terre qu'ils frappèrent leurs grands coups. La place géographique de leur pays le rendait en effet un lieu de passage obligé pour les caravanes qui faisaient la navette entre l'Afrique et l'Asie. Le nombre en était considérable, car l'Egypte, trop faible désormais pour conquérir, demeurait encore l'un des foyers de production industrielle, et l'un des marchés les plus animés qu'il y eût en Orient. Une part énorme de son commerce avec l'extérieur s'écoulait par les bouches du fleuve, et les Phéniciens l'accaparaient presque entière ; l'autre suivait les routes de terre, et c'était celle qui circulait sans discontinuer à travers les marches philistines. Celles-ci s'allongeaient entre la Méditerranée et les derniers ressauts du désert méridional, comme un couloir étroit où toutes les voies qui menaient des royaumes du Nil à ceux de l'Euphrate aboutissaient nécessairement. La principale était encore celle qui franchit le Carmel vers Mageddo et qui s'élève par la double vallée du Litany et de l'Oronte : elle ralliait d'espace en espace les routes secondaires, celle qui arrive de Damas vers le Thabor et vers la plaine de Jezréel, celles qui débouchent du plateau de Galaad vers Ekron et vers Gath par les gués du bas Jourdain. Les Philistins se chargèrent, à l'exemple et à l'instigation des Egyptiens, d'entretenir le tronçon qui était entre leurs mains et même d'assurer la tranquillité des voyageurs qui se confiaient à leurs soins, aussi loin qu'ils pouvaient atteindre avec ce dont ils disposaient de soldats : ils exigèrent en échange de leurs bons offices les mêmes droits de transit que les Chananéens avaient perçus avant eux (1). »

SAMARÉENS. — GEN., X, 18, parle de ce peuple; E. de Rougé (2) découvrit la mention de ce même peuple dans les *Annales de Tothmès III.*

(1) G. MASPERO, *op. cit.*, t. II, p. 697-702. Voir dans la Bible les principaux passages concernant les Philistins, notamment, GEN., X, 14 ; XXI, 34 ; XXVI, 14 ; JOS., XIII ; JUG., III, 31 ; XIV-XVI ; I ROIS, IV ; VII ; XIV ; XVII ; XVIII.

(2) *Notice de quelques fragements de l'Inscription de Karnak*, p. 15, note 5, p. 24.

CHAPITRE V

LA GÉOGRAPHIE

Accaïn. — Cette ville est mentionnée dans Jos., xv, 57. La liste de Tothmès III parle d'une ville du nom d'Akon (1) ; est-ce la même que l'Accaïn de la Bible? Les savants n'osent se prononcer avec pleine assurance.

Achzib. — Jos., xv, 44. La liste de Tothmès III mentionne une ville du nom d'Aksapou, dont Brugsch a reconnu le premier le site (2). Tout semble insinuer qu'il s'agit là d'une seule et même ville, bien que la chose ne soit pas certaine.

Aïalon. — Jos., x, 10 ; xix, 42, etc. Cette ville est mentionnée sur les tablettes d'El-Amarna (3).

Anaharat. — Jos., xix, 19. La liste de Toth-

(1) Cf. Brugsch, *Geographische Inschriften*, t. ii, p. 40-41.

(2) *Ibid.*, t. II, p. 44.

(3) Cf. Abel-Winckler, *Der Thontafelfund von El-Amarna*, pl. 119, n° 123, lig. 6.

mès III mentionne une ville du nom d'ANOUKA-ROUTOU, découverte par E. de Rougé (1).

APHECA. — JOS., XIII, 4 ; XV, 53. Sur la liste de Tothmès III (n° 66), on trouve une ville du nom d'APHOUKIM ; il y avait aussi en Phénicie un bourg du nom d'APHAKA, où l'Adonis prend sa source (2) ; au temps de l'empereur Julien, on voyait encore à Aphaka un temple d'Aphrodite et d'Adonis (3). Il est presque certain que dans le premier cas nous avons affaire à l'Apheca biblique.

ARAC. — GEN., X, 17. Cette localité figure peut-être, sous la forme IRKATA, IRKAT, sur les tablettes d'El-Amarna (4) ; elle figure sûrement dans les textes assyriens (5) ; elle a repris de nos jours son vieux nom phénicien de TELL-ARKA (6).

ASCALON. — JUG., I, 18 ; XIV, 19 ; I ROIS, VI, 17, etc. Cette ville a été découverte dans les textes égyptiens sous la forme ASKALOUNA (7).

(1) *Etudes sur divers monuments du règne de Thoutmosis III*, p. 49, 51, 53.

(2) Cf. RENAN, *Mission de Phénicie*, p. 299.

(3) Cf. SOZOMÈNE, H. E., II, 5 ; *P. G.*, t. LXVII, col. 948.

(4) Cf. BEZOLD-BUDGE, *op. cit.*, p. LXXII.

(5) Cf. FR. DELITZSCH, *Wo lag das Paradies?* p. 282.

(6) Cf. RENAN, *Mission de Phénicie*, p. 115-116.

(7) Cf. E. de ROUGÉ, *Mémoire sur l'origine égyptienne de l'Alphabet*, p. 71. — On peut voir dans G. MASPERO, *op. cit.*,

BEROTH. — JOS., IX, 17. La liste de Tothmès III mentionne une ville du nom de BEEROT (1).

BETHORON. — Jos., X, 10. Cette localité est mentionnée sur la liste de Sheshonq (2).

BÎTANÎTI. — La liste de Tothmès III mentionne sous le n° 111, une ville de ce nom : BÎT-ANÎTI, avec variante BÎT-BANÎTI. Le nom doit probablement venir de ce qu'il y avait, dans cette localité, un temple consacré à Anat. G. Maspero a identifié cette ville à l'ANATHOT de la Bible (3).

BÎTZÎTTI. — Les textes assyriens parlent d'une localité de ce nom située sur les côtes phéniciennes. Les savants ne sont pas d'accord sur son identification. Dans la BETHSETTA de la Bible, JUG., VII, 23, nous avons le même nom, mais le sens ne correspond pas.

BOSRA. — GEN., XXXVI, 33 ; AM., I, 12, etc. Les tablettes d'El-Amarna mentionnent une ville du nom de BOZROUNA (4).

CANA. — JOS., XIX, 28. Cette ville a été découverte sur la liste de Tothmès III par E. de Rougé (5).

t. II, p. 696, un dessin représentant la prise d'Ascalon par Ramsès II.

(1) Cf. G. MASPERO, *Sur les noms géographiques de la liste de Touthmosis III*, p. 3-5.

(2) Cf. G. MASPERO, *Histoire ancienne*, t. II, p. 773.

(3) *Sur les noms géographiques*, p. 18-19.

(4) Cf. BEZOLD-BUDGE, *op. cit.*, p. LXXIII.

(5) *Etudes sur divers monuments*, p. 49, 51, 53.

Cart-Nizanou. [= la cité fleurie]. — La liste de Tothmès III mentionne une ville de ce nom ; c'est probablement la Cartha de Zabulon, Jos., xxi, 34.

Cedès. — Deux villes de ce nom méritent d'être signalées au point de vue de nos études ; la première est une ville chananéenne mentionnée dans la Bible, sous la forme Cadès ; Jos., xii, 32 ; xix, 37 ; Jug., iv, 11 ; IV Rois, xv, 29, etc., c'est très probablement cette ville qui est nommée dans le *Papyrus Anastasi I*, pl. 19, lig. 1, sous la forme Kadshê, Qodshou (1). La seconde ville de ce nom était la capitale des Héthéens, ou des Amorrhéens, car on n'a pas pu toujours distinguer exactement ces deux peuples ; on suppose que cette ville n'est pas mentionnée dans la Bible ; c'est une erreur ; pour l'y retrouver, il suffit de corriger une faute de copiste : II Rois, xxiv, 6, les officiers de Joab, après avoir fait le recensement du pays à l'est du Jourdain, se rendent, en remontant vers le nord, dans la « terre [des] inférieurs de Chodshi » (hébr. massor.) ; la « terre inférieure de Hodsi » (Vulg.) ; il est évident que cette leçon n'a aucun sens ; il faut donc corriger le texte hébreu et lire : *érétz ha-Chîthim, Qadeshah*, « dans la terre des Héthéens, à

(1) Cf. Max Muller, *op. cit.*, p. 173, 213.

Cédès ». Cette ville, située sur l'Oronte, et qui revient assez souvent dans les textes égyptiens, est signalée dans la Bible.

CEILA, CEILAM. — JOS., XV, 44 ; I ROIS, XXIII, 1. C'est probablement la KEILAT des textes assyriens (1).

CHARCAMIS. — II CHRON., XXXV, 20 ; IS., X, 9 ; JER., XLVI, 2. Cette ville a été découverte sur la liste de Tothmès III, sous la forme GARGAMÎSH, KARKAMÎSHA (2).

DORAM. — I MACH., XV, 11, 13, 25 ; mentionnée sur la liste de Tothmès III, n° 39, sous la forme ADORA (3).

DOTHAÏN. — GEN., XXXVII, 17 ; JUD., IV, 5 ; VII, 3 ; c'est DOUTÎNA des textes égyptiens (4).

ELISA. — EZECH., XXVII, 7 ; identifiée avec ALASIA de la liste de Tothmès III par Conder (5).

EMATH. — NOMB., XXXIV, 8 ; JOS., XIII, 5 ; IV

(1) Cf. SAYCE, *Babylonian Tablets from Tell el-Amarna* dans les *Proceedings*, t. X (1887-1888), p. 496.

(2) Cf. BIRCH, *Observations on the statical Tablet of Karnak*, p. 15 ; G. MASPERO, *De Carchemis situ et historia antiquissima ;* FINZI, *Ricerche per lo studio dell' antichità Assira*, p. 257, 260.

(3) Cf. MARIETTE, *Les listes géographiques des Pylônes de Karnak*, p. 39.

(4) Cf. G. MASPERO, *Notes sur quelques points de grammaire et d'histoire*, dans la *Zeitschrift*, 1881, p. 122.

(5) *Palestine Exploration Fund, Quart. Stat.*, 1892, p. 45.

Rois, xiv, 28, etc. ; mentionnée sur la liste de Tothmès III, sous le n° 122 (1).

Gabaa. — Ville de la tribu de Benjamin; mentionnée sur la liste de Tothmès III (n° 114), sous la forme Gaba.

Gabaon. — Jos., ix, 3, etc. ; cette localité est mentionnée sur la liste de Sheshonq.

Gaza. — Cette ville, qui est souvent mentionnée dans la Bible, l'est aussi dans les textes égyptiens.

Gazer. — Jos., x, 33, etc. ; cette localité est mentionnée dans la liste de Tothmès III, sous le n° 104 (2).

Hapharaïm. — Jos., xix, 19; elle est mentionnée sur la liste de Sheshonq.

Haran. — Gen., xi, 31-32, xii, 5. Les savants ne sont pas d'accord sur l'identification de cette ville : Finzi (3) et Schrader (4) l'ont identifiée avec Kharranou des textes assyriens, la ville du dieu Sin en Mésopotamie; Halévy (5) et Renan (6) y voient le Hauran de Syrie. —

(1) Cf. H. G. Tomkins, *On the topography of Northern Syria*, dans les *Transactions* de la société d'archéologie biblique, t. ix, p. 231.

(2) Cf. G. Maspero, *Notes sur quelques points de grammaire et d'histoire*, dans la *Zeitschrift*, 1881, p. 129.

(3) *Op. cit.*, p. 268-270.

(4) *Die Keilinschriften und das alte Testament.*

(5) *Mélanges d'épigraphie et d'archéologie sémitiques*, p. 82-84.

(6) *Histoire du peuple d'Israël*, t. i, p. 91-92.

JEBLAAM. — JOS., XVII, 11 ; cette localité est mentionnée sur la liste de Tothmès III (n° 43), sous la forme IABLAAMOU (1).

JOPPÉ. — II CHRON., II, 16 ; JON., I, 3 ; cette ville est mentionnée, sous la forme JAPOU, JAPHOU, avec les jardins qui l'entourent, dans le *Papyrus Anastasi I*, pl. XXV, lig. 2-5.

JOURDAIN. — Ce fleuve est mentionné, sous la forme de JOURDOUNA, dans le *Papyrus Anastasi I*, pl. XXIII, lig. 1.

LACHIS. — JOS., X, 3, 31 ; XII, 11 ; IV Rois, XIV, 19 ; mentionnée sur les tablettes d'El-Amarna (2).

LAÏS. — JUG., XVIII, 16 ; I ROIS, XXV, 44 ; identifiée avec LAISA de la liste de Tothmès III, par E. de Rougé (3).

LIBAN et ANTELIBAN. — Le mot sémitique est LEBANON, en assyrien *Lebnana* ; la signification est, pense-t-on communément, « [montagne] blanche ». Les Amorrhéens appelaient l'Antéliban SANIR, DEUT., III, 9 ; I CHRON., V, 23 ; dans les textes assyriens il a la forme SANIROU (4).

MAGDAL-GAD. — JOS., XV, 37 ; identifiée avec MIGDOL de la liste de Tothmès III (n° 71) par

(1) Cf. MARIETTE, *Les listes géographiques*, p. 26.
(2) Cf. ABEL-WINCKLER, *op. cit.*, pl. 119, n° 124, lig. 5.
(3) *Etudes sur divers monuments*, p. 50.
(4) Cf. FR. DELITZSCH, *Wo lag das Paradies?* p. 104.

Mariette ; *Les listes géographiques*, p. 34.

Mageddo. — La Bible parle bien souvent de cette ville ; elle est aussi mentionnée dans les textes égyptiens, car elle fut le théâtre d'une grande bataille sous Tothmès III (1).

Mageth. — I Mach., v, 26, 36 ; cette ville a été identifiée avec Maqato de la liste de Tothmès III (n° 30) par E. de Rougé (2).

Mahanaim. — Gen., xxxii, 2 ; mentionnée sur la liste de Seshonq.

Mareth. — Jos., xv, 59 ; cette localité est probablement Marath des anciens textes, aujourd'hui Amrit, dont Renan (3) a décrit les ruines.

Merom. — Jos., xi, 5, 7, ou mieux Méromé, Jug., v, 18 ; cette localité a été identifiée avec Maroma de la liste de Tothmès III par Brugsch (4).

Ono. — Ville de la tribu de Benjamin, I Chron., viii, 12, etc. ; elle est mentionnée sur la liste de Tothmès III (n° 65).

Rabbath. — Deut., iii, 11 ; variante : Rabba, Jos., xiii, 25, etc. ; cette ville est mentionnée sur la liste de Sheshonq.

(1) Pour son identification, cf. Robinson, *Biblical Researches*, t. ii, p. 330 ; Conder, *Megiddo*, dans *Palestine Exploration Fund*, *Quart. Stat.*, 1887, p. 13-20.

(2) *Op. cit.*, p. 47.

(3) *Mission de Phénicie*, p. 43 et suiv.

(4) *Geographische Inschriften*, t. ii, p. 72.

Raphaim. — Gen., xv, 20 ; Jos., xii, 4, etc. ; le *Papyrus Anastasi I*, pl. xxvii, lig. 7-8, mentionne une ville du nom de Raphihoui (1) ; d'autre part, les inscriptions assyriennes du temps de Sargon II mentionnent cette même ville sous la forme Rapiki (2). Aurait-elle des rapports avec les Raphaïm bibliques ?

Sarephta. — III Rois, xvii, 9, 10 ; Abd., 20 ; cette localité sidonienne fut reconnue pour la première fois dans les textes égyptiens par Hincks (3).

Shephela. — Ce mot signifie « plaine basse » ; il est appliqué par la Bible, Jos., xi, 16 ; Jer., xxxii, 44 ; xxxiii, 13 (hébr.) à toute la plaine cotière, qui s'étend de Gaza à Joppé ; les expéditions égyptiennes connaissaient fort bien cette bande de terrain.

Sichem. — Cette ville est trop connue pour que l'on s'y arrête longtemps.

Sinée. — Gen., x, 17 ; se trouve mentionnée dans les textes assyriens (4).

Socho. — Ville de la tribu de Juda, III Rois, iv, 10 ; elle a été identifiée avec Saouka de la

(1) Cf. Chabas, *Voyage d'un Egyptien*, p. 291-293.

(2) Cf. Oppert-Ménant, *La grande Inscription du palais de Khorsabad*, lig. 25, p. 74.

(3) *An attempt to ascertain the number, names and powers*, p. 45.

(4) Cf. Fr. Delitzsch, *Wo lag das Paradies ?* p. 282.

liste de Tothmès III (n° 67) par Mariette (1).

SUNEM. — JOS., XIX, 18 ; I ROIS, XXVIII, 4 ; IV ROIS, IV, 8 ; cette localité a été reconnue dans les listes égyptiennes par E. de ROUGÉ (2).

THANACH. — JOS., XXI, 25 ; cette ville a été reconnue sur la liste égyptienne de Sheshonq par Osburn (3).

TYR. — Cette ville est familière aux lecteurs de la Bible ; elle est mentionnée dans les textes d'El-Amarna, sous la forme ZOUROU, ZOURRI (4) et dans les textes égyptiens avec la prononciation ZAOURA, ZAOUROU (5). La légende rattachait sa fondation à OUSÔOS, le chasseur, qui soutint une lutte terrible avec son frère jumeau SAMEMROUN, adonné à l'agriculture ; il fonda la ville en pleine mer et l'appela Tyr, « Rocher » (6). Ousôos, tel qu'il apparaît dans la légende, ressemble fortement à l'Hercule grec ; c'est un terrible lutteur et un puissant chasseur (7). Dans

(1) *Les listes géographiques*, p. 33.

(2) *Etudes sur divers monuments*, p. 49, 51.

(3) *Egypt, her testimony to the Truth*, p. 158.

(4) Cf. BEZOLD-BUDGE, *op. cit.*, p. LVI, n° 2.

(5) *Papyrus Anastasi I*, pl. 21, lig. 1.

(6) C'est l'étymologie des auteurs classiques.

(7) MOVERS, *Die Phönizier*, p. 396-397, et RENAN, *Mémoire sur l'origine et le caractère véritable de l'histoire phénicienne*, p. 262-266, ont rapproché le nom et la légende d'Ousôos du nom et de l'histoire d'Esaü ; sans nier une certaine ressemblance, nous croyons qu'il serait téméraire d'iden-

la suite des temps, Tyr, par suite de sa situation géographique, acquit une importance commerciale de premier ordre ; elle devint la reine de la Méditerranée, et ses habitants furent les plus hardis navigateurs de l'antiquité ; cet état de prospérité répond exactement à la description que fait de Tyr le prophète Ezéchiel (1).

tifier les deux Gestes. FR. LENORMANT, *Les origines de l'histoire*, t. I, p. 539, a identifié Ousôos au dieu Bîsou des Egyptiens.

(1) XXVII.

CONCLUSION

La Bible se reflète donc dans une masse de détails archéologiques de l'ancienne Syrie; les renseignements qu'elle nous fournit, bien que fragmentaires, sont d'une exactitude incontestable. La Syrie fut, dans l'antiquité, le théâtre de grands bouleversements; les événements historiques, qui se produisirent sur son sol, amenèrent fatalement une fusion ou un syncrétisme complexe de races, d'idées et de religions; toute son archéologie porte l'empreinte de cet état de choses; loin d'être simple, rudimentaire et, pour ainsi dire, uniforme comme celle de beaucoup d'autres peuples; elle revêt un caractère de confusion; les éléments les plus disparates s'y combinent et s'y entrecroisent, et c'est ce qui rend difficile la tâche du savant, qui veut s'orienter sur ce terrain. On est obligé de reconstruire avec des matériaux dispersés, et voilà pourquoi l'édifice manque d'unité et de symétrie. Ce qu'il faut avant tout retenir, c'est que la Bible, dans ce qu'elle dit, montre qu'elle connaît bien les conditions de la Syrie antique : si l'archéologie syrienne nous donne une intelligence rationnelle et objective de certaines données des livres saints, la Bible à son tour est une précieuse source pour l'histoire des populations syriennes ; des choses qui paraissaient jadis incompréhensibles, ou dans lesquelles on se plaisait à ne voir que des symboles et des allégories purement imaginaires, sont en réalité très naturelles et très ordinaires ; à mesure que ces études progresseront, on constatera de plus en plus que la Bible, loin d'être un recueil de légendes et de récits enfantins, est pénétrée d'une puissante réalité historique ; et pour la bien comprendre on n'aura qu'à interroger les diverses sciences qui ont laissé sur son contenu des traces ineffaçables.

TABLE DES MATIÈRES

Saint-Amand (Cher). — Imprimerie BUSSIÈRE.

www.ingramcontent.com/pod-product-compliance
Lightning Source LLC
LaVergne TN
LVHW010036230826
846091LV00005B/1733